ВИЛАЈЕТ

ВИЛАЈЕТ

Небојша Стојоски

Globland Books

САДРЖАЈ

БРЗИНА СВЕТЛОСТИ	7
ОПИС ТЕБЕ	8
БЕЛЕЖНИЦА	9
ТЕЛО	10
ЦВЕЋЕ	11
РЕКАО БИХ ТИ	12
ПОДНЕ	13
ОНА	14
ИЗАЗОВ	15
ОЧЕКУЈЕМ	16
У СЛУЧАЈУ	17
ИЗГЛЕД	18
ОБЗОРЈЕ	19
НЕВЕНА	20
РАЗБИЈАЊЕ	21
ПРОДУЖЕТАК	22
ПОЉА СУНЦОКРЕТА	23
ОСТАЈУ	24
ВРЕЛИНА	25
ТВОЈЕ ОЧИ	26
ДЕЛГАДИНА	27

ХЛЕБ И СМРТ	28
СТРАСТИ	29
КАЗАЋЕШ	30
ШАЛА	31
ПЛЕС	32
ЦРВЕНИ ВЕТАР	33
ОБНАЖЕНА	34
ЗАМА	35
КУПАТИЛО	36
СТРАЖА	37
ОТВАРАМ	38
ВЕТАР	39
ОПИС	40
УЗВИК	41
ТАМО	42
КАЖЕМ ТИ	43
БЕЗ РЕЧИ	44
ПОРАЗ	45
НЕ ДАЈ СЕ	46
РУДНИК	47
ТЕЖЊА	48
ТЕЛЕФОН	49
САТИР	50
ЛЕТО У СОБИ	51
ЗАПИТАЈ СЕ	52
И БИ ОНА	53
ПАЛИЛУЛА	54
ЏОНИ	55
ПРАСАК	56
ЛИНИЈА	57
ИСТОЧНО НЕБО	58
У НЕДОДИРУ	59

ДОЂИ	60
СИНОВИ ВАТРЕ	61
НЕБОЈША	62
РАСПЕЋЕ	63
ОБЛАЦИ	64
ТАЈНА	65
МЛЕКО	66
О КЊИЗИ ВИЛАЈЕТ НЕБОЈШЕ СТОЈОСКОГ	67
БЕЛЕШКА О ПИСЦУ	71

БРЗИНА СВЕТЛОСТИ

Долазиш брзином светлости
да смириш пале анђеле.
Чекају те сатири и нимфе.
Дарујеш несебичну љубав
посрнулим душама.

Ти си киша која спира грехе.
Носиш крст који светли кроз таму живота.
Кротиш дивље звери умилним гласом.

Брзина светлости.
Дани, минути, секунде,
када ће Бог сићи на Земљу.

ОПИС ТЕБЕ

Описујем те у причи коју стварам.
У својој машти те стављам на лист папира.
Тебе, усамљену девојку која
путује бродом до мога срца.

Данилов те не би описао боље од мене.
Ја сам витез који те чува у предворју маште.
Ниједан град нема жену која личи на тебе.
Ти си идеал који сам непрестано тражио.

Морска сирена и нимфа.
Не дам те сатирима, ни Јадранском мору.
Опис тебе, коју сам створио да гледам кроз
прозор док казаљке откуцавају подне.

БЕЛЕЖНИЦА

Бележница за тамне мисли.
Рука је изгубила контролу.
Трагови мастила на папиру.
Сва зла излазе из мене.

Описујем људе, покрете.
Све знане и незнане улице.
Градове које сам обишао
у помрачењу сунца.

Бележница за љубав и мржњу.
Све изгубљене ноћи, недосањано
острво наде.

Бележим у роковник да ми не
истекне време.

ТЕЛО

Тело се претвара
у прах и кост.
Грех умире на земљи.
Одлазак пред вечног судију.

Гробари копају хумку
за још један леш.
Свештеник држи опело.

Црна ноћ је пала на тло.
Душа одлази на далеки пут.

ЦВЕЋЕ

Цвеће за покој душе.
Свећа у дрхтавој руци.
Неко је морао да оде.

Човек је само прах.
Једна звезда је угашена.
Смрт је само наставак живота
у другој димензији.

Гробови пред нама.
Живот је срећа и бол.
Дошао је празник смрти.

РЕКАО БИХ ТИ

Рекао бих ти да те волим,
у овом одсудном часу.
Плашим се изговора.
Чуће нас комшије из зграде.
Шпијуни туђих емоција.

Рекао бих ти све тајне света.
Јефтина одећа на мени.
Одело чини љубавника,
а ја то не могу да будем.
Ти си удата жена којој се
смучио брак.

Ко сам ја у сумраку човечанства?
Не брини, бићу твој ове ноћи.

ПОДНЕ

Подне у летњој соби.
Изгубљена младост
у мору књига.

Тражим одаје Римског царства
у твојим очима. Била си ту у
прошлом животу.

На пергаменту уписано твоје име.
Подне је, време је за долазак првих
хришћана.

ОНА

Она никада није спавала
на свиленој постељи.
Покрива је тама градских улица.

Хлеб тврд попут камена
њен је оброк који дели са птицама.
Како је лако изгубила снове.

Има ли милости за просјаке и пијанце?
То само она зна.

ИЗАЗОВ

Твоја сенка ме изазива
у сумраку идеологије,
када ствари губе смисао.

Хлеб и чаша воде
за немирне душе.
Бесциљно лутање.

Пси лају на пролазнике.
Изазов за будуће време.

ОЧЕКУЈЕМ

Очекујем твој додир.
Насловна страна новина
ме буди из сна.
Живот је кошмар.

Сенка жене или илузија лепоте.
Остаци суза на лицима људи.
Гнев у мени док аласи лове на Дунаву.

Реч као горка пилула.
Тама у нашим телима.
Додирујемо се у хладном кревету.
Ишчекивање непостојећег.

У СЛУЧАЈУ

У случају да ме нема,
пустите голубове из
кавеза да полете.

Напишите писмо мојој драгој.
Кажите да сам отишао на далек пут.
Вратићу се једног сунчаног дана.

У случају да ме нема,
помолите се Богу за моје здравље.

Сачувајте моје песме.
Слободно их штампајте.
У случају да ме нема.

ИЗГЛЕД

Слика језера у погледу.
Тихи дрхтаји радости.
Ноћ у води лабудова.
Окупана девица иде
на починак.

Чекање је ствар навике.
Остављене јабуке у котарици.
Сензибилитет душе види се у
покретима тела.

Ти си анђео овог изнуђеног света.
У твојим очима блиста невиност.

ОБЗОРЈЕ

Видим мртвих птица лет,
Колико далеко вид сеже.
Чујем у даљини глас клет.
Грумен те земље ме веже.

Нека сване та пуста зора.
Моје око жели да је види
као камен зелених гора.
Румено сунце се стиди.

Гледајући, видех само труње.
Сваки живи човек створ је
осуђен да чека обзорје.

Камење нек сада спава.
Покриће га зелено лишће
и обрасти шумска трава.

НЕВЕНА

Окрени се када будеш одлазила.
Посућу стазе ружама, Невена.
Тим путем ти ходиш.
Не тражи сузе у оку песника.
Моје срце је тебе већ оплакало.

Отићи ћеш у смирај дана.
Нећу видети твоју сенку.
Поезија описује лепоту косовских
божура. Тамо је твоје лице, Невена.

Часовник ће откуцати поноћ,
а ти ћеш заувек нестати. Невена!!!

РАЗБИЈАЊЕ

Разбијам стих.
Слова, слогови, катрени.
Остављам јасну поруку
између тачке и зареза.

Преламање духа и материје.
Мржње и љубави, ватре и воде.
Немирне птице у строфама.

Разбијам песму заробљен између
слободног и упареног стиха.
Странице књиге ће рећи своје.
Још нисам научио да пливам.

ПРОДУЖЕТАК

Продужио сам ноћ
да не бих видео дан.
Ово је порађање зла.

Сакрио сам грех
у тамни кутак душе.
Не осећам тло под
ногама.

Благо је у ковчегу.
Чекам место за гроб.
Продужујем живот смрћу.

ПОЉА СУНЦОКРЕТА

Шетам пољима сунцокрета.
Свет се окреће око своје осе.
Траже ме, а ја се кријем
у Ван Гоговој слици.

Љубав, живот и смрт су само
пролазне фазе постојања.
Ноћ је пала, спавам срећан
у пољима.

Сакривен негде у слици
видим одсечено ухо.
Сликар је мртав, а ја вечно
заробљен на платну сатканом
од снова.

ОСТАЈУ

Остају суморни погледи странаца
у раздвојеним данима
и разговор са духом који ме прати
по тамној соби.

Сунце ме убија, чекам кишу да
разбистрим мисао о теби.
Довољан је само камен у огледало.
Ти нестајеш.

Не желим да причам о нама.
То је прошло време.
Ти си обичан дух што седи за
мојим столом.
Не остаје ништа више од тога.

ВРЕЛИНА

Твоје тело је врело од вина,
Груди набујале као зрело воће.
Лето је, небо просипа кишу
док те љубим на улици.

Нека пљушти, вода је знак љубави.
Милујем мокру косу као цвет у трави.
Београд плаче за твојом лепотом.
Немам кишобран да те сакријем.

Имам само покислу књигу од Љосе.
Буди моја Арлет док напољу Перун
кажњава грешнике тешком олујом.

ТВОЈЕ ОЧИ

Твоје очи су изгубиле сјај.
Обневидех тражећи искру
светлости у њима.
Не, то ниси ти.

Твоје очи на портрету старог сликара
изгубише словенску лепоту.
Град је пустиња, а ти не видиш ноћ.
Постала си зла.

Нестани, не желим да гледам таму
твог срца, заробљеног попут птице у кавезу.
Твој додир је повреда тела.

Не ти ниси више вучица која ме воли.
Љубав је ватра коју си угасила под
сјајем крвавих звезда.
Ти никада више нећеш плакати,
а сузама си се клела у пун месец.

Твоје очи су додир пакла.

ДЕЛГАДИНА

Гледао сам како спаваш блаженим сном.
Нисам имао храбрости да те будим, Делгадина.
Дан је био суморан, а ја сам уживао додирујући
твоје тело.

Знам да си девица, тражио сам баш тебе,
да испуниш моју старост надахнућем живота.
Купујем ти поклоне, а ти се не будиш.

Волим те, Делгадина, у часу свитања.

ХЛЕБ И СМРТ

Остао је само хлеб за лапот.
Прихвати такву судбу своју.
Ближи се час одласка.
Пред вратима те чека смрт.

Помоли се у судњем часу.
Године живота су појели мрави.
Пољуби хлеб чекајући маљ.
Умри поносно као краљ.

Неће плакати убице
али ће небо јецати
у времену сивих вукова.

Сви носимо исти крст.
Живећи на хлебу, чекамо смрт.

СТРАСТИ

Набујале у мени страсти.
Бди нада мном сенка.
Пробудиле су се пошасти,
потекла је немирна река.

На дну реке камен лежи,
поносан чува тајне своје.
Душа моја хоће да бежи,
а ноге се покрета боје.

Од злих, подмуклих страсти
увенуће овај цвет љубави.
То је први знак пропасти.

Где је нестао прамен моје косе?
У таласима далеким нек плови.
Угасили су се најдражи снови.

КАЗАЋЕШ

Казаћеш да море није дубоко.
Да небо није плаво.
Да не постоји рај на земљи.
Све ћеш обесмислити.

Рећи ћеш да је љубав превара.
Да смо ти и ја спојили тела
због тренутне пожуде.
Оповргнућеш све знане теорије.

Ја остајем овде да те убедим
у супротност. То је мисија коју
су ми анђели поверили.

ШАЛА

Изговорила си најобичнију лаж.
Лежао сам у тамници гледајући
како сунце споро залази.
Мој дух су хтели да сломе тешким
оковима.

Прогнан сам из своје земље.
За тебе је то обична шала.
У океану су моји снови, а књиге на
броду који плови далеко.

Обитавам негде у Паризу.
Неподношљива лакоћа постојања.
Вратићу се у Праг једног дана.
Појешћу колач и заувек нестати
у тренутку славе.

ПЛЕС

Плес под отвореним небом,
са звездама, кишом, травом.
Природа се буди у теби,
зове те на валцер.

Плеши ноћас као никада
у животу. Убери ружу,
поклони је принцези.
Играјте ноћас поред реке.

Плешите како знате,
живот је виолина на којој
свирају анђели.

Чаробни плес у сновима.
Када се пробудиш, можда
будеш затрован магијом музике.

ЦРВЕНИ ВЕТАР

Небо је данас боје крви.
Дува црвени ветар.
Сунце се скрива, а сенке људи
брише време.

Ветар црвен као ружа неубрана.
Бол ствара сузе.
Недостаје вино, васкрсава реч
песника.

Живим у земљи која полако нестаје.
Стављам ноћ у ревер.
Недостатак сна и мисао о теби носе ме
Далеко, у детињство.
Тама прекрива зграду, остала су сећања
да је небо некад било плаво.

ОБНАЖЕНА

По обронцима моје душе таласаш.
Обнажена стојиш испред огледала
док ти сунце милује устрептала недра.

Књига у рукама, ципеле плешу валцер.
Дим од цигарете и кафа, уобичајено поподне.
Не радиш ништа необично, све ритуале знам напамет.

Остани таква, осликана чарима лета.
Не дајем ништа, тражим само део тебе
док сенка плаче у овим јулским данима.
Дозволи ми да вечно чувам твоје снове.

ЗАМА

Процес због тешких речи.
Окован ледени замак, где
тамничи слободна мисао.

Јозеф је заробљен.
Чека завршни чин драме.
Клевета је моћно оружје.

Слободе нигде на видику.
Ово је страшни суд.

КУПАТИЛО

Купаш се у мору нежности,
у купатилу својих снова.
У мени се буди звер.
Мирис младог јагњета ме мами.

Купатило је наша одаја,
где ти могу поверити све тајне
универзума.
Лепота тела извире из душе.
Љубав је вечита илузија
која понекад изгледа стварна.

Откључавам врата твојих жудњи.
Негде на крају света, још неки
воде љубав у купатилу
под велом мирисних трава.

СТРАЖА

Чувам демоне у себи.
Причам са духовима прошлости
као радознали лептир.
Који је мој цвет?

Стражари ме не пуштају у
одаје сећања. Ко сам био,
шта ћу постати?
Нестали лик са фотографије.

Музика и месец, крст и дрво.
Носим ватру у џеповима, кишу
у тешким ципелама.
Остављам књигу мртвих бежећи
од црних времена.

ОТВАРАМ

Отварам врата тишине
улазећи у твоју свест.
Можда се тамо налази
изгубљени цвет, ко зна?

Ратујем са сопственим ја.
Пожуда, љубав, то си ти.
Писмо које чека на столу.
Хартија пуна већ виђених речи.

Ова врата су тамни вилајет душе
која лута подземним светом лире.
Налазим се у безвремену.
Желим да отворим двери срца.
Време је за одлазак.

ВЕТАР

Зовем се Ветар.
Моје име не може носити свако.
Ја сам господар кад влада сунце, киша, снег.
Обнављам енергију живота кроз векове.
Ту сам од постања универзума.

Створили су ме Бог и природа.
Владам набујалим рекама.
Твоја сам сенка у хладу.

Да, зовем се Ветар.
Природу ће можда уништити.
Остаћу да господарим.
Људи, цвеће, птице боје се
када пустим глас.
То је гнев због зла овог света.

ОПИС

Описујем свет по мери човека.
Стављам тачке, зарезе, упитнике.
Како би све то требало да изгледа?

У мојој руци је кључ за снове.
Цртам нову мапу земље.
Јабука, цвет и вино.

Ово је опис човечанства.
Врата нестанка или спаса.
Историја посрнућа.

УЗВИК

Додирнуо сам месец од злата.
Ходао улицама подсвести.
Узвикивао име бога шума.

Гледао сам голубове са зграда.
Чуо сам да ме тражиш али се
нисам одазвао.

Ружа је боје крви.
Стаклена башта тражи нови цвет
који ћу посадити ноћас.

ТАМО

Тамо где нема плавих очију,
туђе сенке моје тајне крију.

Овај град у сивој магли тоне.
Моје мисли демони прогоне.

Тамо где ће се угасити сунце,
престаће да куца нечије срце.

Очај капље са небеског свода.
Мој град неће преплавити вода.

КАЖЕМ ТИ

Рећи ћу ти нешто о слепом путнику
који плови на неком чудном броду.
Он бежи од светала велеграда у свој свет.
Што даље од лудила и тешкога камена судбине.

Кажем ти да он више не живи у граду у којем се
смеју харлекини. Обузет божанством жене,
тоне у океан. Смета му самоћа.

Ако ме питаш ко је тај човек,
знај да сам то ја. Лице које се
плаши двојника у огледалу.

БЕЗ РЕЧИ

Написаћу песму тајним знацима.
Без речи. Формулу ћу само ја знати.
Нећу дати путоказе, бомбе нека падају.
Не смем рећи да те волим.

Остаће хијероглифи које ће знати да тумаче
само археолози. Оставићу папир у
египатској пирамиди. Време тече као
река под плаштом реинкарнације.

Не надам се филозофији сунца, месеца,
звезда. Велом тишине додирнућу твоје
прсте. Без сувишних речи.

ПОРАЗ

Све моје победе су порази,
страх од заборава живи у души.
Празници су тужни, а ја сањам
цветне пољане.

Пуним плућима удишем смрт.
Које је боје киша што управо пада?
Несигуран у стихове, оплакујем
плава јутра.

Грех песника у тамници свести
или искушење?
Господ куша стрпљење, као да
на свету нема љубави.

Пораз после битке.
Добио сам рат срца које
откуцава у такту нове музике.

НЕ ДАЈ СЕ

Не надај се успеху своје поезије
међу столетним храстовима.
Све што вреди већ је мртво,
а ти пишеш најлепше стихове.

У чељустима новог света нестајеш.
Више ниси млад песник, остао си
без гласа. Крени неким другим стазама.

Не плачи за мртвим песницима,
они никада не би пустили сузу за тобом.
Бес ти се види у очима, а још си зелен за
шумске вукове који кољу смисао речи.

Прихвати себе као јагње у тору.
Једном ћеш изаћи из прашине анонимности.
Нека лепа поетеса ће позвонити на твоја врата.

РУДНИК

Рудник сам ископао, тражећи злато.
Мирис ноћи ме обавија.
У сузама које навиру, наслућујем плач детета.
Алкохол ме теши после напорног дана.

Гракћем као врана,
најављујући тешка времена.
Постајем подивљали пас бесних улица
које немају милости за песнике.

Из рудника чупам стих,
да не потоне у таму кича.
Поезија, као љута ракија,
опија лажну славу стихоклепца.

Схватио сам да мачке имају девет
живота. Постоји само прашина срца
у ноћи дивљих богова.

ТЕЖЊА

Желим да зауставим силу земљине теже
гледајући Циганку како продаје одећу на пијаци.
Можда не припадам свету потрошне материје.
Тражим вишу димензија живота.

У предграђу својих идеала чекам аутобус који касни.
Очију обневиделих од сунца, сањам лепу девојку како
једе јагоде са шлагом.

Свест о пролазности буди се у мени док седим у
оближњем ресторану, испијам капућино и киселу воду
и сањам жену свог живота.

ТЕЛЕФОН

Искључио сам телефон.
Затворио прозоре да не видим
твоју сенку која ме у стопу прати.

Не читају ми се новине
у којима си ти вест дана.
Не могу да гледам слике
и слушам гласине о теби.

Цвеће на пијаци одавно
не мирише као онда када
сам ти га куповао.

Овај свет без милости
тера ме да лутам по кафанама
и купујем безначајне књиге.

Трошим злато да бих те заборавио.
Узалуд, ти си неизоставни део
мојих мисли и осећања.

САТИР

Као сатир дозивам те фрулом
на игру и смех.
Буди моја нимфа вечерас
на пољима љубави.

Дарујем ти вечну радост
са чашом вина у рукама,
вртом нежности и опојним мирисом цвећа.

Остаћеш вечно млада,
принцеза шума пред којом
ће се и дрвеће клањати.

Твоја душа нека живи
у телу обнажене виле.

ЛЕТО У СОБИ

Лето у соби, укључен телевизор.
Живот у ходнику подсвести.
Цигарета на уснама полако
догорева.

Читам роман тока свести.
У ком углу се налази главни
јунак приче?

Врелина поднева и чаша воде.
Хлади ме струјање ваздуха.
Дах лепоте у празној шољи.

Ближи се сумрак.
Време је за полазак у град.

ЗАПИТАЈ СЕ

Запитај се колико блаженства
има твоја душа у врту који мирише
на црвене руже.
Колико љубави можеш да даш?

Јеси ли створен за бесмртни сонет
или си песник друмске прашине?
Стазе трња које газиш, да ли је стих
вредан тога? Бесмртан!

Не спаљуј поезију суштаства.
Не бацају се сви папири у реку
без повратка.
Гнев срца стави на хартију.
Смеј се и онда када тама
прекрије песму.

Глас Божији живи у теби.
Одбаци једноумље свог бића
и отвориће се врата тајних знања
која чувају мудраци са Истока.

И БИ ОНА

И би она, као сунчан дан,
да обележи сваки мој стих.
Дозивах је кишом и ватром
коју сам запалио на гробљу
својих предака.

Чаробна као лира, плела ми косу,
миловала олистало дрво младости
у јесени овоземаљског живота.
И би она, као зима без снега, знам.
Хтео сам да проветрим мисли.

Остали смо у подземљу страсти,
огрезли у тишини градских улица.
И би она, бејах ја...

ПАЛИЛУЛА

Палилула нека мирно спава,
чувам те од додира странаца.
Пијаних и грешних има свуда,
а ја ноћас додирујем небеса.

Не дам злим псима да лају.
Звезде виде плам твог ока.
Уснули део града вечерас
зове да завијам на месец.

Постојим због твог тела,
Усана лепих као поток
у којем препознајем твој мио лик.

Твоје бујне груди у ноћи
дозивају гладне хијене.
Стражар сам твог живота.

ЏОНИ

Џони је кренуо у рат.
Прочитана писма на столу
знак су да је жив.

Отишао је, кору хлеба и кафу
није хтео.
Искрао се тихо из стана.
Можда је ово његов рат?
Нико не зна.

Џонијева оловка пише.
Душа је негде на фронту
и ратује за љубав земље.

Остао је само бол.
Откључана врата чекају
његов повратак.

Песма инспирисана романом „Џони је кренуо у рат."

ПРАСАК

Свуда пуцњава, пада још један леш.
Убиство у сумраку сопствене душе.
Ноћ је била тиха, поетски надахнута,
а пиштољ је опалио.

Без изласка на светлост дана,
глас из дубоке тишине ме води
ка смртоносном хицу за уништење снова.

Пружам руке ка небу,
овако мртав и коначно слободан.
Пацови ће појести моје тело.

ЛИНИЈА

Веома је танка линија
на граници свести и разума.
Ни киша што се слива низ
олуке не да ми сан на очи.

Умро је у мени песник
што сања зелене траве.
Пустош ми душу испуни,
а сањах свој трен славе.

Све што видим је празник
сопствене смрти.
Само сам на трен дохватио небо
и закопао реч у грлу.

Умрећу са птицама.
Нека вране држе опело,
рањиво је и уморно
посустало тело.

Линија живота је сасвим танка.
У доба јеретика живех.
Одлазим негде у беспуће да
гледам стихове које спалих.

ИСТОЧНО НЕБО

Све оно што је прошло,
што је данас и што ће бити

источно небо уцртава у своје
границе језиком, мислима,
речима.

Ко ће спасити свет од
пропалих људских душа?
Остаје вечито питање...

У НЕДОДИРУ

У магији светлости тражим те,
играмо се недодирнутих сенки.
Вртлог речи иза нас.
Непрочитани сановник душе.

Недодир твог лика у огледалу.
Филозофија заљубљеног срца.
Све је прошлост и све је ништа
у односу на тебе.

Реинкарнације људи који се не
препознају. Нови знаци, а све
је опет исто. Стари смисао речи
у Азбуци живота.

ДОЂИ

Дођи у божанској хаљини.
Пољуби дрво, видећеш рај
у плавим очима. Схватићеш
законе природе у свом телу.

Дођи и донеси са собом кишу
да смириш ово јарко сунце у
мојим очима. Адам чека твоје
тело у зеленом врту.

Дођи са црвеним јабукама,
које ћемо у сласт појести
негде изван простора.

Тај неко сам ја, господар
времена у којем нема смрти.
Ти си жеља Светог Тројства.

СИНОВИ ВАТРЕ

Умиру ноћас синови ватре.
Гаси се полако тај плам
што тежи све да нас сатре
и сруши наш древни храм.

Реч људска неосетно нестаје.
Пробудила се звер успавана
и свако живо биће страхује
док чека свитање новог дана.

Синови ватре одлазе тихо.
Остаје само пустош сада,
не виде се људи, нигде нико.

Остаће да живе у сећању.
Учиће из књига о њима.
Људи ће остати само у стиховима.

НЕБОЈША

Васкрсао из мртвих,
као Феникс из пепела.
Остављам грехе прошлости
иза себе.

Оживљавам мртву песму
у кули свога имена. Дарујем
љубав уместо смрти.

Не бојим се, али страх ме је
од речи које ћу изговорити.
Тишином дозивам песму ја,
васкрсли стихотворац.

РАСПЕЋЕ

Разапет на крсту живота
и бескрајне љубави, страдам
ноћас.

Да ли ће васкрснути љубав
коју даривах овом свету?
Приносим жртву своје
невине душе.

Чекам док ме кљуцају вране,
а само сам волео. Ништа више.

Двојник ме гледа, жели да настави
тамо где је стао живот.

ОБЛАЦИ

Облаци од колутова дима.
Илузија у твом облику.
Мисао која неће испарити са новим
јутром и голубовима у парку.

Жена у облику јабуке коју додирујем уснама.
Сенка на киши. Назирем твој лик.
Илузија не умире никада.

Само облаци и твоја лаж у игри судбине.
Ходаш по лавиринту из ког нема излаза.

ТАЈНА

Строга је била тајна наше љубави.
Купатило само за двоје.
Богови су волели нашу нежност.

Отерала си ме у Хад оне ноћи на реци.
У подземни свет наше страсти.
Орфеј је плакао сву ноћ, грлећи нежне лире.

Скамењена од додира,
суза се плашила да потекне,
а држао сам бисере у рукама.

МЛЕКО

Млеко и мед са твојих усана.
Мирис крви младе вучице.
Раздевичена у ноћи пуног месеца.
Уздах лепотице велеграда.

Плен за вукове који траже невино јагње.
То си ти, дама ноћних улица са задахом
вина које ће испарити у новом јутру.

Била си тиха принцеза забаве.
Добро дошла у свет порока, краљице!

О КЊИЗИ ВИЛАЈЕТ НЕБОЈШЕ СТОЈОСКОГ

Књижевник Небојша Стојоски, аутор више песничких књига и две прозне књиге, у новој књизи Вилајет показује се као песник изграђеног језика и стиха, препознатљив и свој. Теме које настањују ову књигу јесу оне које иначе заокупљају његову пажњу, а овде дишу новом свежином, чинећи ову књигу складним и заокруженим остварењем.

Књига није подељена на циклусе, већ се песме, тематски разнолике, нижу једна за другом, а то код читаоца ствара знатижељу и лепо нестрпљење: која ли ће тема уследити? Небојша пева о себи, о свету, о љубави, о смрти, о писању... Наравно, теме се често и преплићу, па тако у једној песми може бити више тема, што песми даје додатну лепезу мисли и расположења. Та расположења могу бити светла или тамна – као што се иначе у поезији Небојше Стојоског налазе и светлост и тама, и добро и зло. Када се каже вилајет, обично се мисли на тамни вилајет из народне књижевности, на подручје у којем влада мрак; но ова збирка својим називом упућује, рекли бисмо, на један разнолики свет, али и на тајновито подручје саме душе, која је сложена и у коју све(т) стаје...

Тако се у овој књизи јављају и тама, и демони, и слике смрти, и двојник у огледалу, и мрачне улице града, и порочна девојка... (Такви тонови призивају блискост са Бодлером.) Но, ту су и песме пуне светлости, лепоте природе и нежности. То наравно није пресудно за вредност песме, већ је поента да је поезија отворена за разна расположења и тонове. Кад је реч о љубавним песмама, оне су заиста разнолике: Неке су нежне као лахор, неке пуне горчине и туге, а неке узавреле од страсти... Поменимо песму „Сатир", пуну лепих слика и поређења, из које израња мотив заљубљеног сатира и нежне нимфе којој он поклања звук из фруле. Ову песму населили су идилични антички мотиви, као што су и неке друге песме прожете мотивима из грчке митологије, па се тако у песми „Тајна" налазе и Хад и Орфеј, а бог шума настањује песму „Узвик". У овој књизи постоје и мотиви из словенске митологије, као што је бог Перун, затим библијски мотиви (старозаветни и новозаветни), као у љубавној песми „Дођи", у којој се помињу Адам, јабука и Свето тројство; ту су и теме апокалипсе, као у одличном сонету „Синови ватре", а прва песма у овој књизи, „Брзина светлости", посвећена је Христу. Небојшино познавање књижевности такође се види у оним песмама које су нека врста његовог разговора са писцима претходницима или обрада одређеног мотива који упућује на њихова дела: песма „Шала" је алузија на Кундеру и ту се помиње „неподношљива лакоћа постојања", песма „Замак" на Кафку, а песма „Џони" инспирисана је романом „Џони је кренуо у рат". Песмом „Поља сунцокрета" Стојоски је осликао необичан свет, неку врсту сопствене селидбе у познату слику Ван Гога, и показао како и сликарство често зна да инспирише песнике.

Ту су и песме поетичке природе, где песник говори о себи и писању: „Разбијам стих", „Опис", „Не дај се"... Стојоски и као стваралац и као неко ко живи за књижевност брани своје место у књижевном свету (јер заиста ту има свега, и борбе и сујете), а песма „Небојша" звучи као мала лична карта, као путоказ који нам он оставља о себи и писању, са стихом-поентом: „Тишином дозивам песму ја, / васкрсли стихотворац".

У формалном смислу, песме су претежно у слободном стиху и строфичне композиције, при чему се негде број стихова у строфи одржава током целе песме, а негде варира. Постоје и песме везаног стиха – дистиси и сонети. У форми сонета јесу „Обзорје", „Страсти" и „Синови ватре". Небојша Стојоски у сонетима показује и умеће римовања и ону градацију теме до саме поенте, што је карактеристика сваког доброг сонета. Можемо рећи да постоји чак и један неримовани сонет, „Палилула", мада се у теорији књижевности питање неримованог сонета оставља отвореним за дискусије. Но, можда због распореда строфа (два катрена и два терцета) и због посебне атмосфере и мелодичности, песма „Палилула" може се, условно речено, доживети и као сонет.

У књизи Вилајет постоје и бројна успела поређења и добре метафоре, као и спрегови речи који упућују на узвишени свет песника. На пример: „Живот је виолина на којој свирају анђели", „Ветар црвен као ружа неубрана", „Додирнуо сам месец од злата", „Недодир твог лика у огледалу" и сл. Стихови „И би она, као сунчан дан, / да обележи сваки мој стих" уводе нас у лепо љубавно осећање... Песма „Ветар" остварена је као персонификација, јер сам ветар говори о својој моћи, док се у песми „Подне" стапају свет прочитаног, атмосфера древности и љубавно осећање, као што је посебан наратив уз лирски исказ одлика многих песама у овој књизи, а брижљиво грађен песнички израз јесте константа Небојшине поезије.

Због свега овог, упућујемо читаоце на књигу Вилајет, јер у данашње време у ком се често пише без осећања, ова поезија нас враћа на прави пут, а то је: лирска искреност, односно тежња да и све лепо у животу, као и оно болно, пређу у свет песме и у њој добију посебан живот. Јер, књижевност и живот нису одвојене него се снажно преплићу, и то осећа и зна Небојша Стојоски.

Маја Белегишанин Ивановић

БЕЛЕШКА О ПИСЦУ

Небојша Стојоски рођен је у Београду 12. 8. 1981. Члан је Удружења књижевника Србије и још доста књижевних удружења: Удружења писаца Дунавски венац, Свесловенског књижевног друштва, Клуба љубитеља књиге Мајдан, Удружења креативаца Популиарти, Удружења писаца Србије, Удружења србских књижевника у отаџбини и расејању, Песничког друштва Раде и пријатељи и Београдског књижевног друштва.

Објавио је књиге: *Завера ума* (2018), поезија, *Моја Стихозборја* (2019), поезија, *Кроз таму велеграда* (2020), кратке приче, *Чекајући сунце* (2021), поезија, *Плач Лавова* (2021), поезија, *Киша и сузе* (2022), кратке приче, *Изговор* (2022), поезија, *Вилајет* (2023), поезија, *Нико као она* (2024), роман.

Живи и ствара у Београду.

Небојша Стојоски
ВИЛАЈЕТ

Лондон, 2025

Издавач
Globland Books
27 Old Gloucester Street
London, WC1N 3AX
United Kingdom
www.globlandbooks.com
info@globlandbooks.com

Насловна фотографија
rottonara
(https://pixabay.com/photos/cabin-hut-hills-mountain-field-5695518/)

www.ingramcontent.com/pod-product-compliance
Lightning Source LLC
Chambersburg PA
CBHW070335120526
44590CB00017B/2886